글 박진영

고생물학자이자 과학책과 그림책을 쓰는 작가예요. 강원대학교 지질학과를 졸업한 뒤 척추고생물학으로 전남대학교에서 석사 학위를, 서울대학교에서 박사 학위를 받았습니다. 지금은 서울대학교 고생물학연구실에서 연구원으로 일하면서 아시아의 갑옷 공룡 화석을 연구하고 있어요. 지금까지 쓴 책으로는 〈놀라운 공룡의 세계〉 시리즈, 〈판타스틱 공룡 일상〉 시리즈와 《신비한 익룡 사전》, 《신비한 공룡 사전》, 《박진영의 공룡 열전》, 《읽다 보면 공룡 박사》 등이 있고, 쓰고 그린 책으로는 《박물관을 나온 긴손가락사우루스》가 있습니다.

그림 최유식

애니메이션을 공부했고, 지금은 한국예술종합학교에서 영상을 전공하고 있습니다. 오늘날에는 볼 수 없는 아름답고 매력적인 동물들을 주제로 그림을 그리고 있습니다. 그린 책으로는 〈놀라운 공룡의 세계〉 시리즈, 《다른 공룡이 되고 싶어?!》, 《읽다 보면 공룡 박사》가 있습니다.

일러두기

- 오늘날의 새를 제외한 공룡 이름은 한국고생물학회의 원칙에 따라 라틴어 발음대로 표기했습니다.
- 각 공룡의 생태 정보는 살던 시대 | 분포 지역 | 크기 | 식성 순서로 표기했습니다.

놀라운 공룡의 세계 3
쉿! 공룡의 비밀
초판 인쇄 2023년 1월 10일 **초판 발행** 2023년 1월 10일
글쓴이 박진영 **그린이** 최유식
펴낸이 남영하 **편집** 김주연 박예슬 **디자인** 박규리 **마케팅** 김영호
펴낸곳 ㈜씨드북 **등록 번호** 제2012-000402호 **주소** 03149 서울시 종로구 인사동7길 33 남도빌딩 3F **전화** 02) 739-1666 **팩스** 0303) 0947-4884
홈페이지 www.seedbook.co.kr **전자우편** seedbook009@naver.com **인스타그램** instagram.com/seedbook_publisher
ISBN 979-11-6051-481-0 (77490) **세트** 979-11-6051-478-0 (77490)
글 ⓒ 박진영, 그림 ⓒ 최유식, 2023
이 책은 저작권법에 따라 보호받는 저작물이므로 무단 전재와 무단 복제를 금지하며,
이 책 내용의 전부 또는 일부를 이용하려면 반드시 저작권자와 ㈜씨드북의 서면 동의를 받아야 합니다.

 제조국명: 대한민국 | **사용연령:** 6세 이상
KC마크는 이 제품이 공통안전기준에 적합하였음을 의미합니다.
종이에 베이지 않게 주의하세요.

- 책값은 뒤표지에 있어요. • 잘못 만들어진 책은 구입하신 서점에서 바꾸어 드려요. • 씨드북은 독자들을 생각하며 책을 만들어요.

놀라운 공룡의 세계 3

쉿! 공룡의 비밀

박진영 글 최유식 그림

씨드북

차례

- 8 화석이 들려주는 이야기
- 10 **알을 둥지에 꽂아요**
- 12 **가끔 특별한 것을 먹기도 해요**
- 14 **엄마와 아빠가 함께 둥지를 지켜요**
- 16 **어린이집에 새끼를 맡겨요**
- 18 **어떨 때는 1년에 5톤까지 무거워져요**
- 20 **자라면서 머리가 달라져요**
- 22 **어른이 되면 이빨이 사라져요**
- 24 **그리 오래 살지 못했어요**
- 26 **서로서로 잡아먹기도 해요**
- 28 **춤추며 유혹해요**

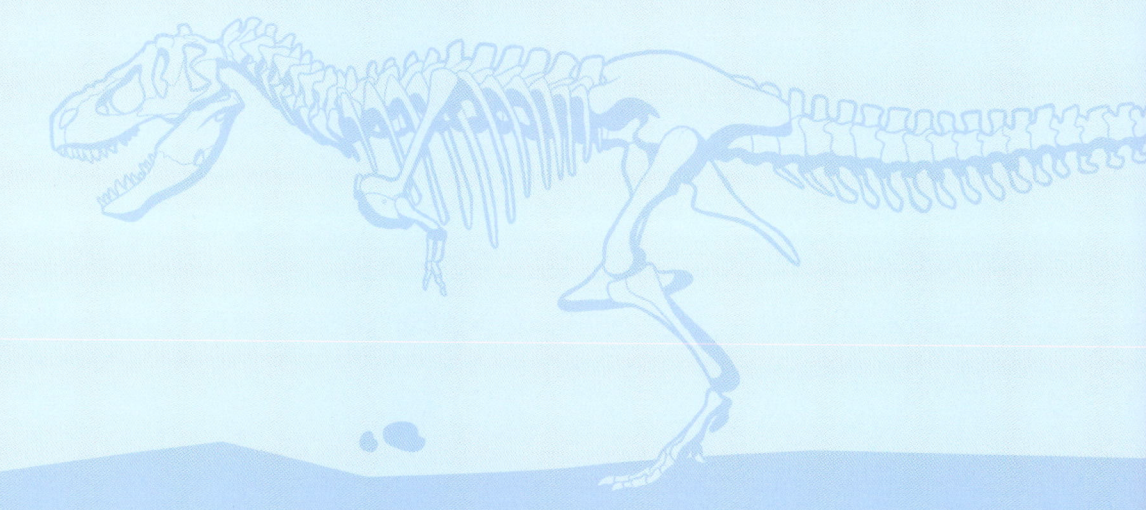

돌을 삼켜야 소화가 잘돼요	30
식중독에도 걸렸어요	32
놀기를 좋아했어요	34
우물을 팔 수 있어요	36
14일마다 새 이빨이 나요	38
소화가 안 되는 건 토해 버려요	40
코로 소리를 낼 줄 알아요	42
수영을 아주 못했어요	44
겨드랑이에 머리를 끼고 잤어요	46
찾아보기	48

화석이 들려주는 이야기

화석은 머나먼 옛날에 살았던 생물의 흔적이 돌로 변해 버린 거예요. 화석 대부분은 생물의 단단한 부분이 남겨진 거지요. 공룡의 뼈나 이빨처럼요. 과학자들은 뼈와 이빨 화석을 조립해 옛날에 공룡이 어떻게 생겼는지 알아볼 수 있어요. 이처럼 생물의 몸을 이루던 부위가 보존된 것을 '체화석'이라 해요.

공룡의 체화석이 만들어지기 위해서는 죽은 공룡이 강 주변에 있어야 해요. 그리고 썩기 전에 강물에 쓸려 온 모래와 진흙으로 덮여야 해요. 시간이 지나 지층이 차곡차곡 쌓이고 단단해지면 지하수에 녹아 있던 광물들이 뼈의 미세한 틈 사이로 들어가요. 그러고는 서서히 화석으로 변해요.

운이 좋을 때는 공룡의 피부 화석도 발견돼요. 공룡이 진흙에 앉거나 누워 있다가 찍힌 비늘 또는 깃털 자국이 남은 거예요. 공룡이 남긴 발자국, 그리고 알도 화석으로 남아요. 이처럼 생물이 생활하면서 남긴 흔적이 보존된 것을 '흔적 화석'이라 불러요.

티라노사우루스의 골격 화석

화석 생성 과정

1단계 공룡이 죽었어요. 육식 공룡들이 와서 살점이나 뼈를 조금씩 먹기도 해요.

2단계 물에 쓸려 온 모래와 진흙이 공룡의 사체를 덮어요.

화석은 옛날에 살았던 공룡에 대해 많은 것을 알려 줘요. 공룡의 생김새뿐만 아니라 이들이 어떻게 살았는지도 알려 주죠. 과학자들이 알아낸 공룡에 관한 놀라운 사실, 어떤 것들이 있는지 알아볼까요?

육식 공룡의 발자국 화석

육식 공룡의 둥지 화석

3단계 시간이 흘러 모래와 진흙이 단단해지며 돌이 돼요. 공룡의 뼈도 점점 화석이 되어 가요.

4단계 지층이 물이나 바람에 조금씩 부서지면서 속에 있던 공룡 화석이 드러나요.

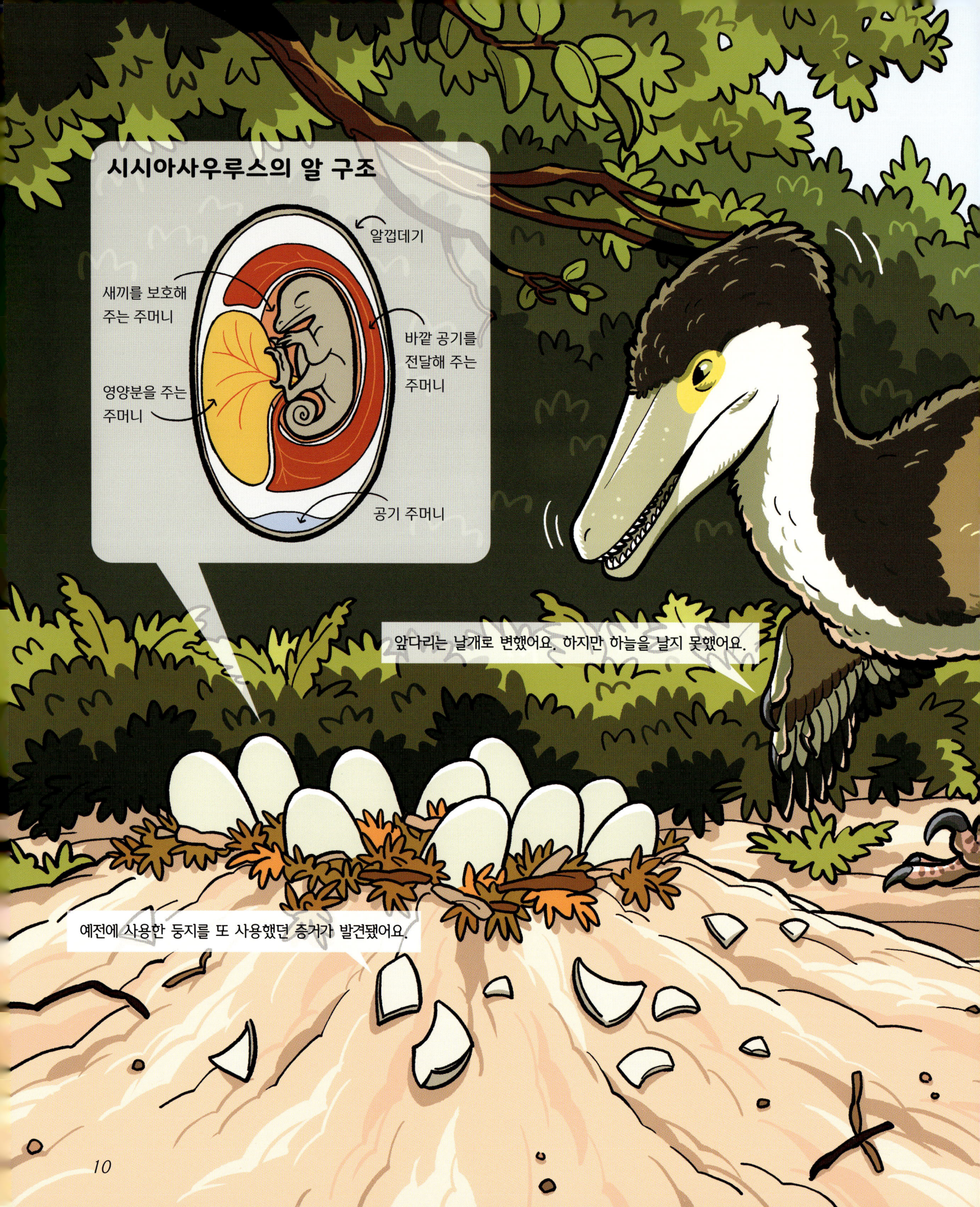

빠르게 뛸 때 기다랗고 뻣뻣한 꼬리가 몸의 균형을 잡아 줬어요.

두 번째 뒷발톱은 갈고리 모양이었어요.
이 발톱을 이용해 작은 동물을 꽉 붙잡아 사냥했을 거예요.

알을 둥지에 꽂아요
시시아사우루스 *Xixiasaurus* 백악기 후기 | 중국 | 몸길이 1.5미터 | 육식

시시아사우루스는 약 8600만 년 전 중국 지역에서 살았던 공룡이에요. 진돗개만 한 크기였는데 몸에 비해 뇌가 커서 꽤 똑똑했을 거로 추측해요. 시시아사우루스는 특이하게도 알을 세워서 둥지에 꽂아 뒀어요. 오늘날의 악어알이나 거북알과 마찬가지로 공룡알 속에는 새끼와 여러 개의 주머니가 들어 있었어요. 어떤 주머니에는 영양분이 들어 있었고, 또 어떤 주머니는 새끼 공룡을 보호하는 쿠션 역할을 했어요. 만약 알이 구르면 주머니들이 새끼 공룡을 눌러 다치게 할 수 있기 때문에, 이를 막기 위해서 알을 꽂아 뒀을 거예요.

가끔 특별한 것을 먹기도 해요

그리포사우루스 *Gryposaurus* 백악기 후기 | 미국 | 몸길이 9미터 | 초식

똥도 화석으로 남아요. 똥이 화석이 되려면 바짝 말라 단단해져야 해요. 그런 다음 모래나 진흙에 묻혀 오랜 시간이 지나면 화석이 되죠. 똥 화석을 연구하면 그 동물이 무엇을 먹고 살았는지 알 수 있어요. 육식 공룡의 똥 화석에서는 뼛조각이, 초식 공룡의 똥 화석에서는 식물 성분이 발견돼요. 그런데 최근에 특이한 똥 화석이 발견됐어요. 나무껍질과 함께 게나 가재 같은 갑각류 조각들이 들어 있었거든요. 과학자들은 이 똥이 엄마 초식 공룡의 똥일 거로 생각했어요. 엄마 공룡은 튼튼한 알을 만들기 위해 칼슘이 풍부한 갑각류를 잡아먹었을 거예요.

볼록한 콧등을 이용해 서로를 밀어내는 힘겨루기를 했을 수 있어요.

넓적한 주둥이로 한꺼번에 많은 양의 식물을 뜯어 먹을 수 있었어요.

평소에는 네 발로 걸어 다녔지만, 뛸 때는 두 뒷다리만 사용했어요.

그리포사우루스의 소화 기관

그리포사우루스 같은 초식 공룡은 내장이 길고 맹장이 커요. 장기가 길어서 식물을 오랫동안 소화시키며 영양분을 얻었어요.

위 · 내장 · 식도 · 맹장

이빨이 없어요. 대신에 튼튼한 부리를 이용해 먹이를 으깰 수 있었죠.

알을 20개 정도 낳았어요.

엄마와 아빠가 함께 둥지를 지켜요

키티파티 *Citipati* | 백악기 후기 | 몽골 | 몸길이 2.4미터 | 잡식

알을 품은 모습으로 화석이 된 공룡이 있어요. '키티파티'라는 공룡이죠. 그런데 알을 품고 있던 키티파티는 아빠 공룡이었대요. 엄마 공룡은 알을 낳기 전에 다리뼈 속에 칼슘을 저장해요. 공룡의 다리뼈 화석 안에 구멍이 송송 나 칼슘을 저장하는 공간이 있다면 그 공룡은 엄마 공룡인 거예요. 그런데 알을 품고 있던 키티파티에게는 칼슘을 저장하는 공간이 없었어요. 그래서 과학자들은 엄마 키티파티가 먹이를 구하러 간 사이에 아빠 공룡이 둥지를 지켰을 거로 추정해요. 오늘날 새 중에 앨버트로스와 펭귄도 부부가 번갈아 가며 알을 품어요.

어린이집에 새끼를 맡겨요

프시타코사우루스 *Psittacosaurus* | 백악기 전기 | 중국, 몽골, 러시아, 태국 | 몸길이 1.5미터 | 초식

프시타코사우루스는 몸집이 양치기 개 '보더콜리'만 한 작은 초식 공룡이에요. 프시타코사우루스에게 가장 위험한 시기는 아마도 새끼를 키울 때였을 거예요. 한 번에 10마리가 넘는 새끼를 낳았을 거로 추정하는데, 수많은 새끼를 데리고 다니면 육식 공룡에게 금방 들통났을 거예요. 과학자들은 34마리의 바나나만 한 새끼 프시타코사우루스들이 똘똘 뭉쳐 있는 화석을 발견하고, 여러 프시타코사우루스가 한 장소에 새끼들을 숨겨 놓고 함께 키웠을 거라고 생각했어요. 어린이집처럼요. 오늘날 이와 비슷하게 새끼를 돌보는 동물로는 멧돼지가 있어요.

삼킨 먹이를 잘 소화하기 위해 자갈들을 먹기도 했어요. 먹이가 위에서 잘 부서지도록요.

각질로 된 부리를 지탱하는 부리뼈가 있어요.

프시타코사우루스의 골격

뼛속에 공기 주머니들이 있어서 덩치에 비해 몸무게가 가벼운 편이었어요. 그래도 몸무게가 20톤 정도였다고 해요.

어떨 때는 1년에 5톤까지 무거워져요

아파토사우루스 *Apatosaurus* 쥐라기 후기 | 미국 | 몸길이 24미터 | 초식

아파토사우루스는 몸길이가 시내버스 두 대만큼 길고, 몸무게는 아프리카코끼리 네 마리와 맞먹었어요. 하지만 갓 태어났을 때는 겨우 고양이만 했어요. 새끼에게는 몸을 보호할 때 사용할 수 있는 뿔이나 가시도 없었어요. 게다가 어른 아파토사우루스들은 알을 땅속에 잔뜩 낳고는 떠나 버렸죠. 그래서 새끼 아파토사우루스는 살아남기 위해 빠른 속도로 자라야 했어요. 과학자들이 계산한 바에 따르면, 빠르게는 1년에 5톤까지 몸무게가 늘어났다고 해요. 어마어마하죠? 이렇게 몸이 자라기 위해서 새끼 아파토사우루스는 온종일 먹었을 거예요.

자라면서 머리가 달라져요

트리케라톱스 *Triceratops* | 백악기 후기 | 미국, 캐나다 | 몸길이 9미터 | 초식

옛날에 과학자들은 새끼 공룡이 부모와 똑같이 생겼을 거로 생각했어요. 그런데 새끼 트리케라톱스 화석이 발견되면서 이런 생각이 바뀌었죠. 어른 트리케라톱스와 달리 새끼는 눈 위의 뿔이 비엔나소시지처럼 아주 작았어요. 뒤통수에 있는 볏은 테두리에 작은 돌기들이 솟아 있었어요. 새끼 트리케라톱스가 자라면서 눈 위의 뿔은 위를 향해 휘어지고 볏에 난 돌기들은 갈수록 더 뾰족해졌어요. 다 자란 뒤에야 눈 위의 뿔은 앞을 향하고 볏의 돌기들은 납작해졌죠. 트리케라톱스는 머리 모양만 보고도 누가 어리고 나이가 많은지 알아볼 수 있었을 거예요.

날카로운 어금니를 이용해 질긴 식물을 잘게 썰어 먹을 수 있었어요.

6600만 년 전 북아메리카 대륙에서 가장 흔했던 공룡이에요.

작은 무리를 이루어 살았어요.

엄지와 네 번째, 다섯 번째 앞 발가락이 퇴화해 없어졌어요.
앞다리를 거의 사용하지 않았을 거예요.

어른이 되면 이빨이 사라져요

리무사우루스 *Limusaurus* 쥐라기 후기 | 중국 | 몸길이 2미터 | 잡식

어른 리무사우루스는 이빨이 없는 대신 단단한 부리를 갖고 있었어요. 그런데 새끼 리무사우루스에게는 이빨이 있었어요. 자라면서 이빨 개수가 줄어들고, 어른이 되면 아예 이빨이 사라진 거예요. 그 이유는 서로 먹이가 달랐기 때문이래요. 새끼 리무사우루스는 뾰족한 이빨을 이용해 곤충을 잡아먹었어요. 어른 리무사우루스는 부리로 식물의 질긴 잎사귀나 단단한 씨앗을 쪼아 먹었고요. 어른 리무사우루스들도 어린 공룡들처럼 곤충을 먹었다면 먹을 게 부족했을 거예요. 그래서 새끼들에게 곤충을 양보하고 식물을 먹게 됐는지도 몰라요.

그리 오래 살지 못했어요

마이아사우라 *Maiasaura* | 백악기 후기 | 미국 | 몸길이 7미터 | 초식

오늘날의 파충류들은 다른 동물에 비해 오래 사는 편이에요. 바다악어는 70년 넘게 살고요, 갈라파고스코끼리거북은 100년 넘게 살아요. 한때 과학자들은 공룡도 오래 살았을 거로 믿었어요. 그런데 최신 연구에 따르면 공룡은 생각보다 오래 살지 못했대요. 공룡의 나이를 어떻게 알 수 있냐고요? 우선, 겉면이 다이아몬드로 칠해진 단단한 톱으로 공룡의 뼈를 얇게 잘라요. 얇게 잘린 공룡 뼈를 현미경으로 관찰하면 일종의 나이테를 확인할 수 있어요. 이 나이테를 세어 보면 나이를 알 수 있죠. 최근에 과학자들은 마이아사우라라는 초식 공룡이 얼마나 살았는지 알아봤어요. 그랬더니 마이아사우라는 15년 정도 살았는데 8년이면 이미 어른이 됐다고 해요.

나뭇잎을 주로 먹었지만, 먹을 게 부족할 때는 나무껍질도 씹어 먹었어요.

갓 태어난 새끼 마이아사우라는 몸길이가 40센티미터 정도였어요.

서로서로 잡아먹기도 해요

마준가사우루스 *Majungasaurus* | 백악기 후기 | 마다가스카르 | 몸길이 7미터 | 육식

오늘날 동물 중에는 형제자매나 새끼, 동료를 서로 잡아먹는 녀석들이 있어요. 공룡도 마찬가지였어요. 아프리카 대륙 동쪽에는 마다가스카르라는 섬이 있어요. 약 7000만 년 전 마다가스카르에는 마준가사우루스라는 육식 공룡이 살았어요. 이 육식 공룡의 뼈에서는 다른 마준가사우루스들의 이빨 자국이 발견됐어요. 마준가사우루스가 다른 마준가사우루스를 잡아먹었던 거죠. 옛날에 마다가스카르는 비가 자주 오지 않아 살기 힘든 곳이었을 거래요. 그래서 배고픈 마준가사우루스들이 서로서로 잡아먹었는지도 몰라요.

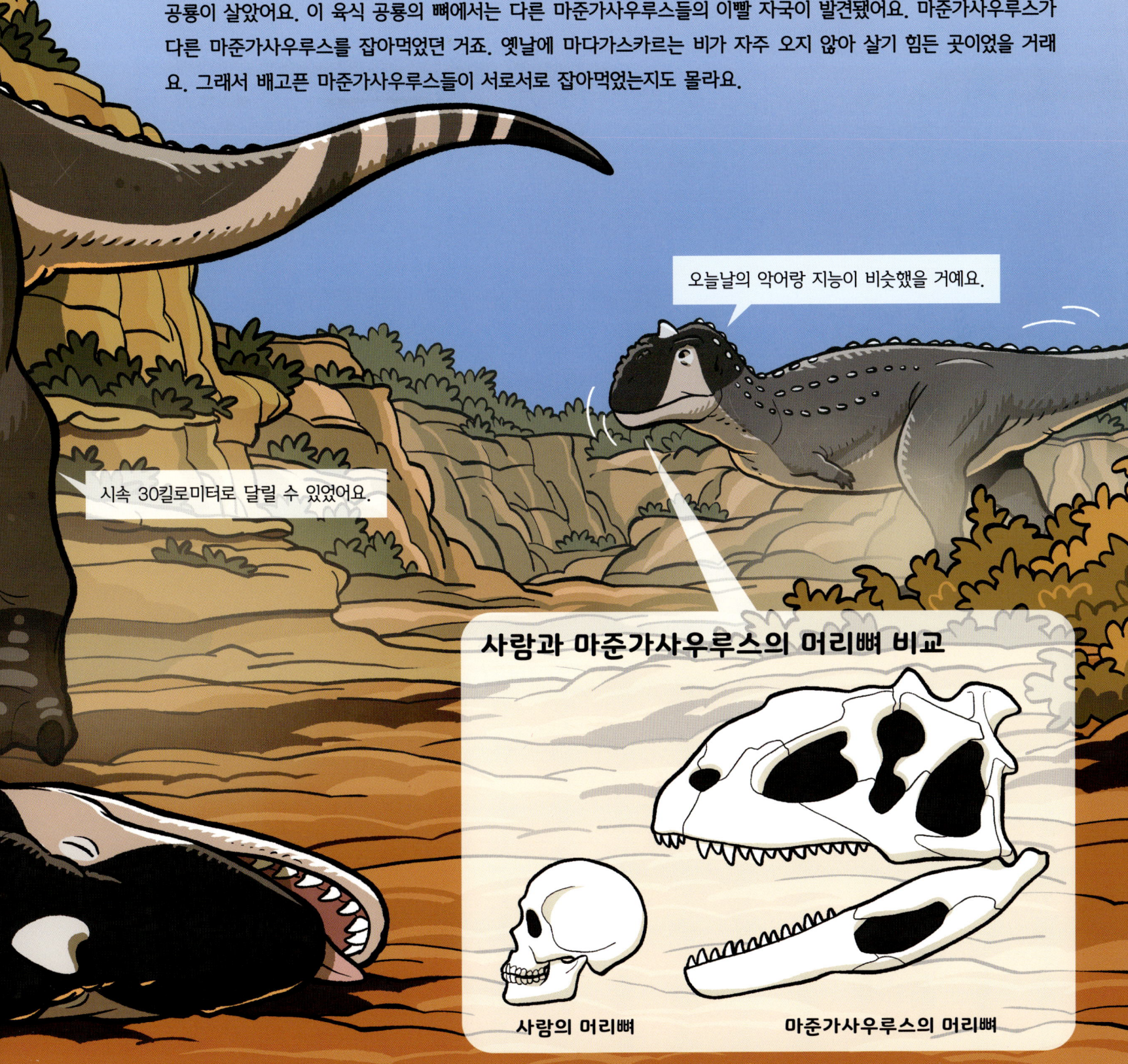

사람과 마준가사우루스의 머리뼈 비교

사람의 머리뼈 / 마준가사우루스의 머리뼈

춤추며 유혹해요
아크로칸토사우루스 *Acrocanthosaurus* `백악기 전기 | 미국 | 몸길이 12미터 | 육식`

짝짓기 계절이 되면 수컷 동물은 암컷을 유혹해요. 혹등고래는 노래를 부르고, 꼬리비녀극락조는 발레리노처럼 춤춰요. 그렇다면 공룡은 어떻게 했을까요? 최근에 과학자들은 미국에서 약 1억 1000만 년 전의 공룡 발자국을 발견했어요. 발자국의 주인공은 아크로칸토사우루스라는 육식 공룡이었어요. 발자국들 중에는 뒷발로 땅을 긁은 자국도 있었어요. 몇몇 과학자들은 이것이 수컷 아크로칸토사우루스가 암컷을 유혹하기 위해 땅을 긁으며 춤추다가 만들어진 거라고 믿어요. 춤추는 거대한 수컷 공룡의 모습이 암컷에게는 사랑스러워 보였을 거예요.

앞다리가 너무 짧아서 목을 긁을 수도 없었어요.

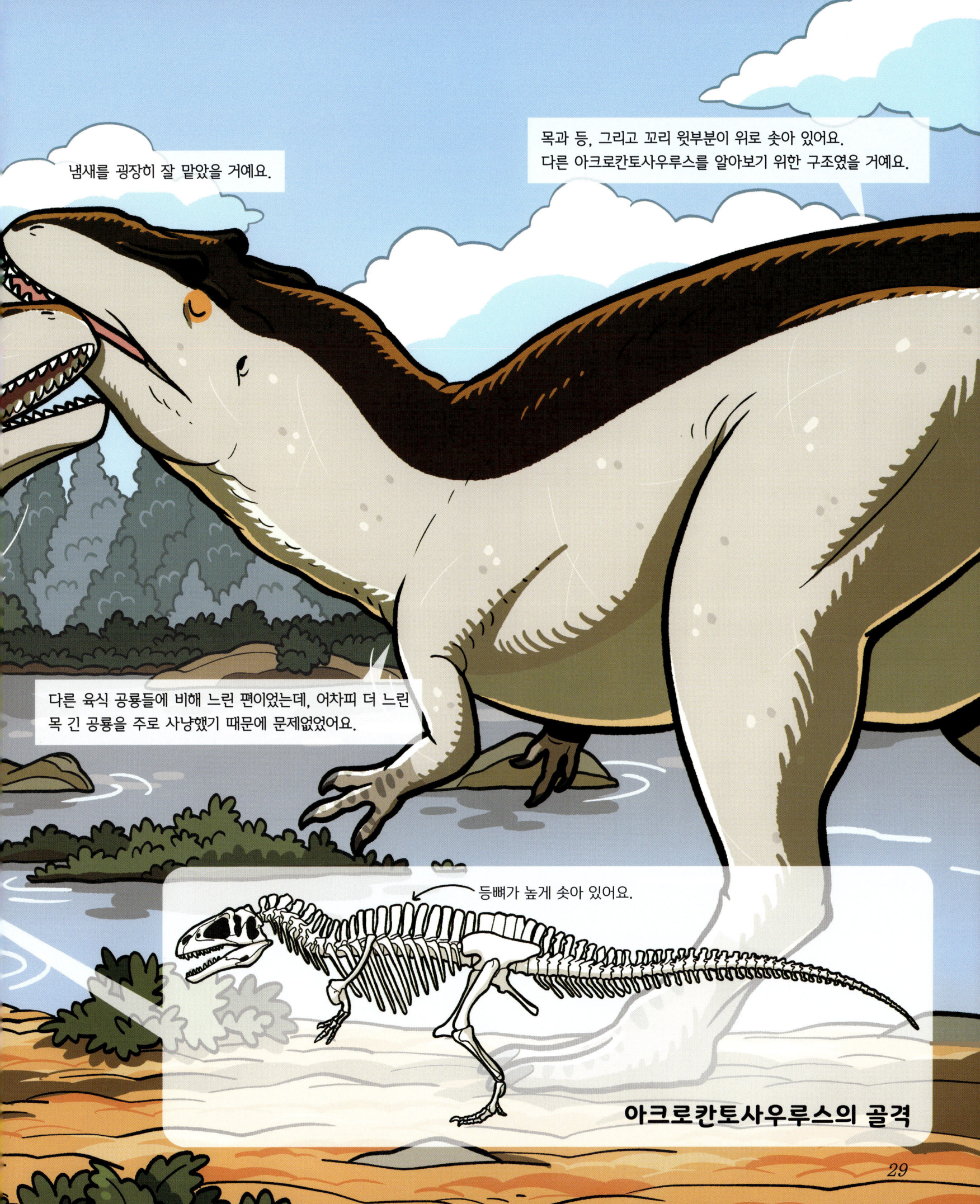

꼬리에 있는 깃털을 이용해 이성을 유혹했을 거예요.

솜털 같은 깃털이 몸을 덮었어요. 몸을 따뜻하게 해 줬죠.

돌을 삼켜야 소화가 잘돼요

카우딥테릭스 *Caudipteryx* | 백악기 전기 | 중국 | 몸길이 20센티미터 | 잡식

어떤 공룡은 이빨 대신 부리를 사용해 물건을 집거나 다뤘어요. 대표적인 종류로 카우딥테릭스가 있어요. 카우딥테릭스의 부리는 끝이 뾰족해서 아주 작은 물건을 잡을 수 있었어요. 이 핀셋 같은 부리는 나무에 열린 작은 열매나 씨앗을 골라 먹을 때, 몸에 난 깃털을 정리할 때 편리했어요. 부리를 갖게 되면서 대신에 이빨이 줄어들었어요. 결국 단단한 씨앗을 먹을 때 잘 씹을 수 없게 됐죠. 그래서 카우딥테릭스는 작은 돌들을 삼켜 위 속에서 단단한 씨앗을 으깨는 데 사용했어요. 이빨이 없는 오늘날의 새들도 이런 식으로 단단한 먹이를 소화해요.

식중독에도 걸렸어요
스테노니코사우루스 *Stenonychosaurus* 백악기 후기 | 캐나다 | 몸길이 2.4미터 | 잡식

야생 동물은 아무거나 잘 먹을수록 더 잘 살아남을 수 있어요. 그런데 아무 생각 없이 이것저것 먹으면 큰일 나기도 해요. 약 8000만 년 전 캐나다에서는 스테노니코사우루스라는 공룡이 살았어요. 이 공룡 네 마리의 화석이 한때 호수였던 곳 근처에 모인 채 발견된 적이 있어요. 이를 연구한 과학자는 스테노니코사우루스들이 배가 너무 고픈 나머지 썩은 고기를 먹었다가 식중독에 걸려 죽었을 거라고 해요. 썩은 고기에서는 다양한 박테리아가 독성 물질을 만들거든요. 오늘날에도 썩은 먹이를 잘못 먹고는 죽어 버린 여러 마리의 새가 호수 근처에 모여 발견되곤 해요.

놀기를 좋아했어요

티라노사우루스 *Tyrannosaurus* | 백악기 후기 | 미국, 캐나다 | 몸길이 12.3미터 | 육식

초식 공룡의 뼈 화석을 관찰하다 보면 크고 작은 이빨 자국이 나 있기도 해요. 육식 공룡이 살점을 뜯어 먹은 흔적이죠. 하지만 살점이 별로 없던 부위인데도 이빨 자국이 얕게 남아 있는 경우가 있어요. 어떤 과학자들은 심심한 육식 공룡이 초식 공룡의 뼈를 주둥이로 갖고 놀다가 생긴 자국들이라고 해요. 동물들은 놀이를 하면서 살아가는 데 필요한 여러 생활 기술을 갈고닦을 수 있어요. 오늘날 쿠바악어는 꽃잎을 장난감 삼아 가지고 놀기도 하고, 까마귀는 눈 덮인 지붕 위에서 미끄럼틀을 타요. 육식 공룡도 다르지 않았을 거예요.

> 몸이 무거워서 뛸 수는 없지만 뒷다리가 길어서 1초에 8미터 정도를 걸어갈 수 있었어요.

티라노사우루스와 알로사우루스의 비교

티라노사우루스는 알로사우루스보다 머리와 이빨이 커요. 또한 이빨 모양도 티라노사우루스가 훨씬 두꺼워요.

티라노사우루스

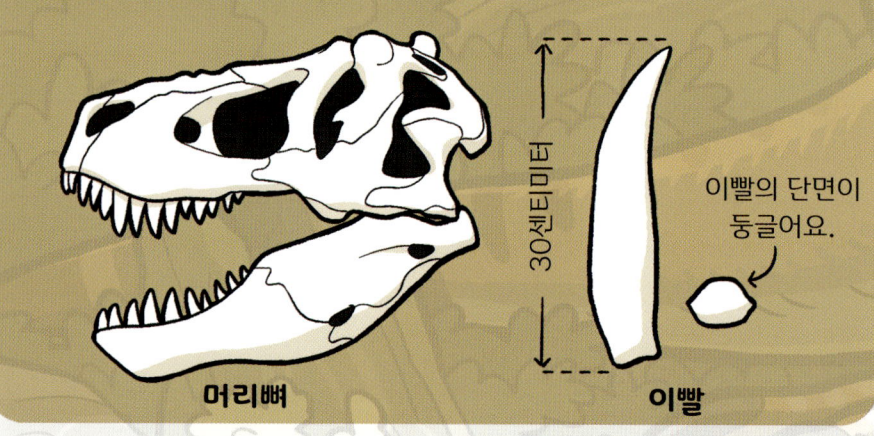

머리뼈 — 30센티미터 — 이빨 (이빨의 단면이 둥글어요.)

알로사우루스

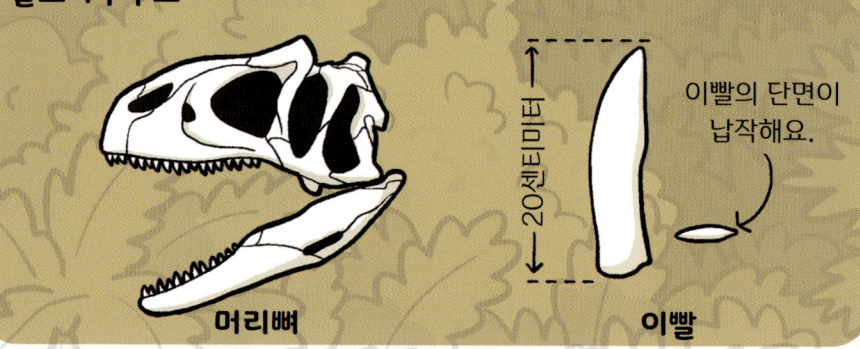

머리뼈 — 20센티미터 — 이빨 (이빨의 단면이 납작해요.)

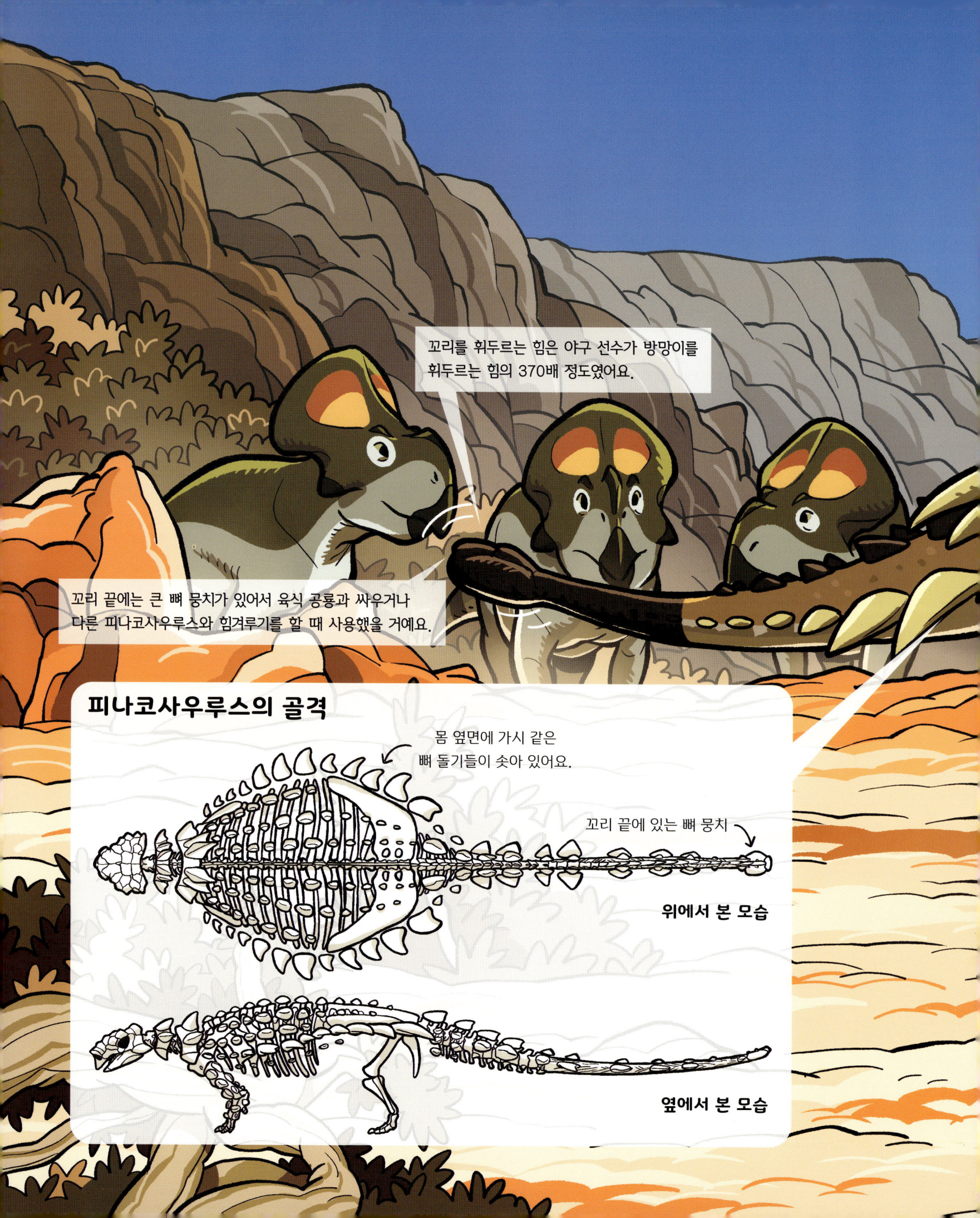

우물을 팔 수 있어요

피나코사우루스 *Pinacosaurus* | 백악기 후기 | 몽골, 중국 | 몸길이 5미터 | 초식

모든 공룡이 호수 주위나 숲에서 살았던 것은 아니에요. 약 7500만 년 전, 피나코사우루스는 건조한 사막에서 살았어요. 식물이 많은 호수 주위나 숲에는 초식 공룡이 많이 모여 살았어요. 맛있는 식물을 두고 싸우는 일이 많았죠. 그래서 피나코사우루스는 다른 초식 공룡이 잘 모이지 않는 사막으로 갔을 거예요. 사막에서는 땅 위에 고여 있는 물을 찾기 어려워요. 하지만 피나코사우루스 같은 갑옷 공룡들은 유난히 튼튼한 앞다리를 갖고 있었어요. 그래서 과학자들은 피나코사우루스가 앞다리를 이용해 우물을 파서 지하수를 마셨을 거로 생각해요.

등을 덮고 있던 뼈로 된 돌기들은 두껍지 않아서 가벼웠어요.

목에는 뼈 돌기가 두 겹으로 덮여 있었어요.

14일마다 새 이빨이 나요

니게르사우루스 *Nigersaurus* | 백악기 전기 | 니제르 | 몸길이 9미터 | 초식

사람은 평생 이가 두 번만 나요. 하지만 공룡은 죽을 때까지 새 이빨이 계속 났어요. 육식 공룡인 티라노사우루스는 약 800일에 한 번씩 새 이빨이 났대요. 초식 공룡은 육식 공룡보다 주기가 더 짧았는데, 트리케라톱스는 새 이빨이 나는 데 80일 정도 걸렸대요. 이빨이 가장 빨리 난 공룡은 목 긴 공룡인 니게르사우루스였어요. 이 공룡은 이빨이 14일마다 새로 났거든요. 그런데 과학자들은 이빨이 새로 나는 데 걸린 시간을 어떻게 알아냈을까요? 병원에서 사용하는 컴퓨터 단층 촬영 기계, 그러니까 시티(CT) 촬영 기계로 이빨을 찍으면 나이테를 볼 수 있는데, 이 나이테를 세어 보면 이빨이 떨어질 때까지 며칠 걸렸는지 알 수 있어요.

육식 공룡이 너무 가까이 다가오면 채찍 같은 꼬리로 세게 때렸어요.

니게르사우루스와 카마라사우루스의 비교

니게르사우루스는 다른 목 긴 공룡들보다 납작한 주둥이 끝과 가느다란 이빨을 가졌어요.

니게르사우루스

이빨이 주둥이 앞쪽에 모여 있어요.

주둥이 앞부분이 납작해요.

잎사귀를 줄기에서 긁어내기 좋은 연필 모양

옆에서 본 머리뼈 / 위에서 본 머리뼈 / 이빨

카마라사우루스

주둥이 뒤쪽으로도 이빨이 나 있어요.

주둥이 앞부분이 뾰족해요.

잎사귀와 줄기를 긁어모으기 좋은 숟가락 모양

옆에서 본 머리뼈 / 위에서 본 머리뼈 / 이빨

소화가 안 되는 건 토해 버려요

안키오르니스 *Anchiornis* 쥐라기 후기 | 중국 | 몸길이 40센티미터 | 육식

사람들은 도구로 고기를 잘라 먹거나 생선 뼈를 바르지만, 공룡은 그러지 못했어요. 어떤 공룡은 먹이를 통째로 삼켜야 했죠. 안키오르니스는 약 1억 6000만 년 전 중국 지역에서 살았던 고양이만 한 공룡이에요. 최근에 과학자들은 목에 무언가 걸린 채 보존된 안키오르니스 화석을 발견했어요. 목에 걸린 것은 도마뱀과 물고기 뼈였어요. 과학자들은 안키오르니스가 먹이를 통째로 삼킨 후, 소화하기 어려운 뼈들을 뭉쳐서 토했을 거로 생각해요. 오늘날의 매, 올빼미, 왜가리 같은 새들도 먹이를 통째로 먹고는 소화가 안 되는 건 토해 버려요.

지금까지 화석으로 발견된 안키오르니스는 250마리가 넘어요.

앞다리는 날개로 변했어요. 앞다리를 펼쳐 높은 데서 땅으로 날 수 있었지만, 하늘로 날아오르지는 못했을 거예요.

넘어지는 나무에 맞아 등을 다친 파라사우롤로푸스 화석이 발견됐어요.

뒷다리로 일어서서 4미터 높이에 있는 나뭇잎도 뜯어 먹을 수 있었어요.

어린 파라사우롤로푸스는 길쭉한 볏이 없었어요.

코로 소리를 낼 줄 알아요

파라사우롤로푸스 *Parasaurolophus* 백악기 후기 | 미국, 캐나다 | 몸길이 10미터 | 초식

영화에 나오는 공룡들은 무시무시한 소리로 '크아앙' 하고 울어요. 하지만 과학자들은 공룡들이 악어처럼 '쉬쉬' 거리거나 비둘기처럼 '구구구' 소리를 냈을 거로 생각해요. 그런데 공룡 중에서 좀 특이한 소리를 내는 종류가 있었어요. 바로 파라사우롤로푸스예요. 파라사우롤로푸스의 뒤통수에는 길쭉한 볏이 하나 솟아 있는데, 사실 이것은 코였어요. 과학자들은 파라사우롤로푸스의 코를 컴퓨터 모델로 만들어서 공기가 지나가게 해 봤어요. 그랬더니 '뿌앙뿌앙' 하는 소리가 났지 뭐예요. 파라사우롤로푸스는 이 콧소리를 이용해 새끼들을 불러 모으거나, 친구들에게 육식 공룡이 나타났다고 알려 줬을지 몰라요.

수영을 아주 못했어요

파키리노사우루스 *Pachyrhinosaurus* | 백악기 후기 | 미국, 캐나다 | 몸길이 8미터 | 초식

파키리노사우루스는 약 7000만 년 전 북아메리카 대륙에서 살았던 초식 공룡이에요. 트리케라톱스의 친척으로, 머리에 두꺼운 혹이 솟아 있었어요. 트리케라톱스 같은 공룡은 뿔로 서로를 밀어내는 힘겨루기를 했어요. 파키리노사우루스는 뿔 대신 혹으로 힘겨루기를 했을 거예요. 힘겨루기를 잘하기 위해 머리는 갈수록 크고 무거워졌어요. 그런데 머리가 무거워지니까 물에 빠지면 수영을 못했어요. 캐나다에서는 수백 마리의 파키리노사우루스 화석이 한곳에서 발견되었어요. 과학자들은 이 공룡들이 홍수로 불어난 강을 건너다 떼죽음을 당했을 거로 생각해요.

무거운 머리를 잘 들어 올리기 위해 목이 두꺼워지고, 앞다리가 튼튼해졌어요.

날카로운 어금니를 이용해 질긴 식물을 잘게 썰어 먹을 수 있었어요.

겨드랑이에 머리를 끼고 잤어요

메이 *Mei* 백악기 전기 | 중국 | 몸길이 70센티미터로 추정 | 잡식

중국에서는 약 1억 2500만 년 전에 살았던 '메이'라는 작은 공룡의 화석이 발견되었어요. 이 공룡은 자다가 화산 근처 땅속에서 뿜어져 나온 독가스에 질식해 죽었을 거로 추측해요. 왜냐하면 메이는 몸을 웅크리고 목을 접어 머리를 겨드랑이에 낀 자세였거든요. 오늘날 새들은 쉬거나 잘 때 몸을 따뜻하게 하려고 머리를 겨드랑이에 끼곤 해요. 메이도 따뜻하게 자기 위해서 머리를 겨드랑이에 꼈을 거예요. 메이가 이런 자세로 잤다는 것은 아주 중요해요. 주위 환경에 따라 몸 온도가 오르락내리락하는 도마뱀이나 악어와 달리, 공룡이 새나 사람처럼 항상 몸이 따뜻했다는 것을 의미하니까요.

아직 덜 자란 메이의 화석들만 발견돼서 다 자랐을 때의 크기를 아무도 몰라요.

긴 뒷다리를 이용해 시속 30킬로미터로 뛸 수 있었어요.

메이의 골격

찾아보기

ㄱ

그리포사우루스 *Gryposaurus* … 13

ㄴ

니게르사우루스 *Nigersaurus* … 38

ㄹ

리무사우루스 *Limusaurus* … 22

ㅁ

마이아사우라 *Maiasaura* … 24
마준가사우루스 *Majungasaurus* … 27
메이 *Mei* … 46

ㅅ

시시아사우루스 *Xixiasaurus* … 11
스테노니코사우루스 *Stenonychosaurus* … 32

ㅇ

아파토사우루스 *Apatosaurus* … 19
아크로칸토사우루스 *Acrocanthosaurus* … 28
안키오르니스 *Anchiornis* … 40
카우딥테릭스 *Caudipteryx* … 31

ㅋ

키티파티 *Citipati* … 15

ㅌ

트리케라톱스 *Triceratops* … 21
티라노사우루스 *Tyrannosaurus* … 34

ㅍ

프시타코사우루스 *Psittacosaurus* … 16
피나코사우루스 *Pinacosaurus* … 37
파라사우롤로푸스 *Parasaurolophus* … 43
파키리노사우루스 *Pachyrhinosaurus* … 45

공룡의 세계로 떠나는
놀랍고도 흥미진진한 시간 여행!

놀라운 공룡의 세계 (전 3권)

공룡은 지금으로부터 약 2억 3300만 년 전에 등장했어요.
사람이 나타나기 훨씬 오래전에 지구의 주인이었던 공룡.
우리는 공룡에 대해 얼마나 알고 있을까요?
공룡 박사님의 생생한 설명을 담은 이 공룡 안내서와 함께
놀라운 공룡의 세계를 탐험해 보세요.